SIR MICHAEL HUHN

Lightning Source UK Ltd.
Milton Keynes UK
UKHW022111100220
358504UK00013B/906

9 781714 296026